새 교과서 완벽 반영 바르고 예쁜 글씨

글씨체 바로잡기와 받아쓰기

지도하시는 분께 2
이 책의 구성과 활용 방법 3

1-1가

1단원 바른 자세로 읽고 쓰기 5

2단원 재미있게 ㄱ ㄴ ㄷ 17

3단원 다 함께 아야어여 41

4단원 글자를 만들어요 53

5단원 다정하게 인사해요 71

1-1나

6단원 받침이 있는 글자 79

7단원 생각을 나타내요 91

8단원 소리 내어 또박또박 읽어요 105

9단원 그림일기를 써요 119

다시 한 번 꼭꼭 다지기 132

단원별 받아쓰기 급수표 145

도서출판 학은미디어

지도하시는 분(학부모, 교사)께

저학년의 한글 읽기와 쓰기는 전 교과 학습의 기초가 됩니다. 특히 글씨 쓰기는 두뇌 발달과 집중력 향상, 고운 심성을 기르는 데 아주 좋습니다.

글씨를 잘 쓰면 칭찬을 받아 학습 동기가 유발되고, 모든 일에 자신감을 갖게 되며, 다른 학습에도 전이 효과가 매우 큽니다.

연필 잡는 방법과 앉아 쓰는 자세는 글씨 쓰기에 큰 영향을 미치고, 신체 발육과 건강에도 관계됩니다. (국어 **1-1가** 18~21쪽을 참조, 지속적으로 지도해 주십시오.)

글씨를 잘 쓴다는 것은 바르고 예쁜 글자의 모양〔字形〕을 이룬다는 것이므로, 자형에 관심을 갖고 인식하도록 지도하는 것이 중요합니다.

한글 자형의 구조를 관찰하여 인식하도록 도와줍시다.
  – 같은 낱자라도 자리잡는 위치와 어떤 낱자를 만나느냐에 따라 모양이 달라지기 때문에 획의 방향, 길이, 간격 등을 잘 관찰하면서 쓰도록 하면 효과가 큽니다.
  – 모범자를 보고 쓴 자기 글씨를 비교 · 관찰하면서, 잘된 부분과 그렇지 않은 부분을 찾아보게 하면 바른 자형의 조건을 인식하는 데 도움이 됩니다.

4등분된 네모 칸에 중심을 잡아 글자를 배치하는 것이 어린이들에겐 쉽지 않기 때문에 글자의 시작 지점〔始筆點〕 선정을 잘하도록 도와줍시다.

이 책은 2017년 발행 국어 1~2학년군 ❶-1가 / 나, 국어 활동 1~2학년군 ❶-1 교과서를 바탕으로 국어 학습의 기초를 다지고, 바르고 예쁜 글씨체를 익힐 수 있도록 엮었습니다.

하루에 너무 많은 분량을 쓰게 하면 글씨 쓰기에 흥미를 잃을 수 있습니다.

막연한 칭찬보다는 구체적으로 지적하며 칭찬해 주는 것이 효과적입니다.

이 책의 구성과 활용 방법

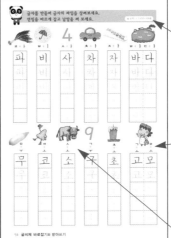

흐린 글씨를 따라 쓰고 빈칸에 여러 번 써 봄으로써 충실한 쓰기 연습이 이루어져요.

교과서 과목과 쪽수를 밝혀 예습, 복습에 편리해요. 특히 받아쓰기 연습에 안성맞춤이지요.

한글의 구성 원리를 자연스럽게 깨우쳐요.

시원한 크기의 모눈 칸에 쓰도록 하여, 바르고 아름다운 글씨체를 재미있고 쉽게 익힐 수 있어요.

바르고 고운 손글씨로 정통 글씨체를 체계적으로 충실히 익혀요.

생생한 실물 사진과 재미있는 그림으로 학습 효과를 높이고 보는 즐거움을 더했어요.

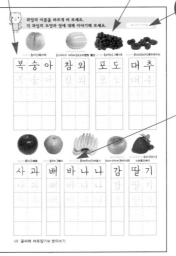

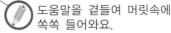

어린이가 꼭 알고 주의해야 할 사항을 지시문에 담았어요.

〈국어〉〈국어 활동〉책의 내용이 골고루 담겨 있어, 국어 실력도 쑥쑥 자라나요.

빈칸에 쓴 글씨는 지우개로 지우고 다시 연습해도 좋아요.

초등학교 1학년 수준에 맞는 영어 단어도 곁들여 더욱 재미있어요. (영어 발음은 참고용으로, 국제 음성 기호에 최대한 가까운 우리말 표기를 곁들였어요.)

실제 원고지와 똑같이 꾸며, 쓰기 연습을 하면서 원고지 사용법과 문장 부호의 쓰임새를 자연스럽게 익힐 수 있어요.

도움말을 곁들여 머릿속에 쏙쏙 들어와요.

세종대왕

한 민족이 고유한 언어를 가지고 있고, 그 언어를 기록할 수 있는 고유한 글자를 가지고 있다는 것은 참으로 자랑스러운 일입니다.

이 지구상에서 사용되는 언어는 수천 가지에 이릅니다. 그러나 그 언어를 담아내는 글자를 가진 민족은 그 수보다 훨씬 적습니다.

우리도 세종 대왕께서 **훈민정음**, 즉 **한글**을 창제하시기 전까지는 중국의 한자를 빌려 사용하였습니다. 하지만, 배우기 쉽고 과학적인 한글을 갖게 됨으로써 민족에 대해 긍지를 갖게 되고, 문화와 문명도 더욱 발전하였지요.

그런데 기계 문명이 발달하고 세계화가 진행되면서 우리 말과 글이 날로 훼손되고 있습니다. 외래어를 마구 사용하고, 우리 말과 글을 이상야릇하게 왜곡하여 사용하며, 영어 등 다른 나라 말을 중요하게 여기는 경향이 있지요.

물론 세계화에 발맞추어 다른 나라 언어에도 관심을 기울여야 함은 당연합니다. 그러나 그보다 먼저 우리의 뿌리인 **국어**를 정확하게 알고, 바르게 사용할 줄 알아야 합니다.

이 책을 통해 바르고 아름다운 **글씨체**를 익히고, 아울러 **국어 학습**의 기초를 단단히 다져 국어 사랑, 나라 사랑을 실천하기 바랍니다.

…엮은이…

'훈민정음'은 '백성을 가르치는 바른 소리'란 뜻이에요. 백성을 위하는 마음이 빚어 낸 사랑의 발명품이지요.

▲ '훈민정음'을 만들게 된 까닭, '훈민정음'에 대한 상세한 해설 등이 실린 책 〈훈민정음〉. 국보 제70호.

바른 자세로 읽고 쓰기

• 글을 읽을 때의 바른 자세에 대해 알아봅니다.

• 글씨를 쓸 때의 바른 자세를 몸에 익힙니다.

• 바른 자세로 앉아 낱말을 소리 내어 읽어 봅니다.

• 가족, 친구, 선생님에 대해 생각하며 얼굴을 그리고 이름도 써 봅니다.

• 학용품의 이름을 살펴보고, 바르게 써 봅니다.

• 1단원에서 공부한 낱말을 바르게 쓰면서 확인합니다.

*이 책 18~23, 42~43, 80~81쪽을 먼저 공부해도 좋습니다.

낱말을 큰 소리로 또박또박 읽어 보세요.
그리고 연필을 바르게 잡고 예쁘게 써 보세요.

✱ 국어1-1가 14~15쪽

나	너	우 리	친 구	선 생 님
나	너	우 리	친 구	선 생 님
나	너	우 리	친 구	선 생 님

우리는

친구!

선생님이나 친구의 얼굴을 그리거나 사진을 붙이고,
빈칸에 이름을 써 보세요.

✻ 국어-1가 28~29쪽

바른 자세로 앉아 낱말을 예쁘게 쓰고 소리 내어 읽어 보세요.
그리고 우리 가족에 대해 이야기해 보세요.

✱ 국어1-1가 16~17쪽

아버지

어머니

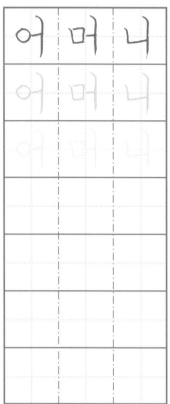

아기

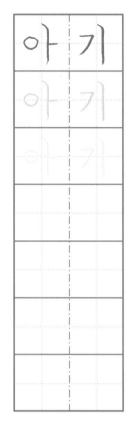

나

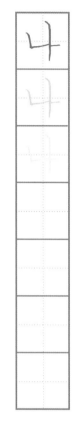

우리 가족

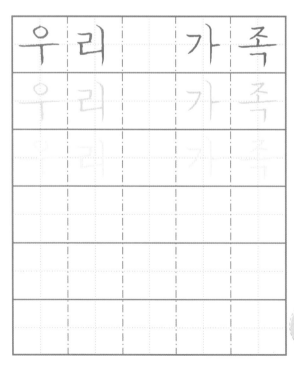

우리 가족.

나와 우리 가족의 얼굴을 그리거나 사진을 붙이고,
빈칸에 이름을 써 보세요.

❋ 국어활동1-1가 9쪽

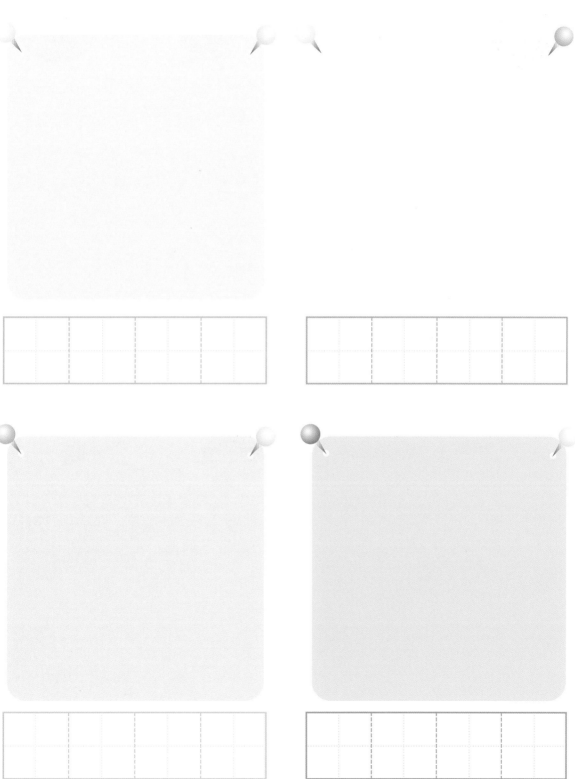

spider[spáidər] 스파이더

거 미

tree[trí:] 트리이

나 무

sparrow[spǽrou] 스패로우

참 새

butterfly
[bʌ́tərflài] 버터플라이

나 비

swallow[swálou] 스왈로우

제 비

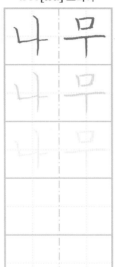

sea[sí:] 씨이

바 다

train[tréin] 트레인

기 차

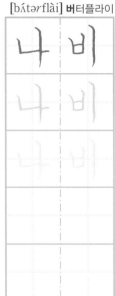

eraser [iréisər] 이레이서

지 우 개

바른 자세로 앉아 낱말을 예쁘게 쓰고,
소리 내어 읽어 보세요.

✽ 국어1-1가 24~27쪽, 국어활동1-1 6~8쪽

basket[bǽskit] 배스킷

바	구	니
바	구	니
바	구	니

shoes[ʃúːz] 슈우즈

구	두
구	두
구	두

trousers[tráuzərz]
트라우저즈

바	지
바	지
바	지

hat[hǽt] 햇

모	자
모	자
모	자

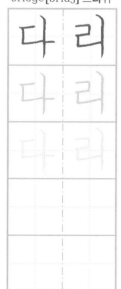

bridge[brídʒ] 브리쥐

다	리
다	리
다	리

pencil[pénsəl] 펜썰

연	필
연	필
연	필

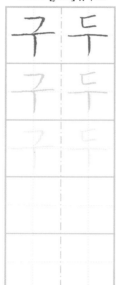

scissors[sízərz] 시저즈

가	위
가	위
가	위

colored paper
[kʌ́lərd péipər] 컬러드 페이퍼

색	종	이
색	종	이
색	종	이

I[ái] 아이   you[jú] 유   we[wí] 위   friend[frénd] 프렌드   name[néim] 네임

나	너	우리	친구	이름

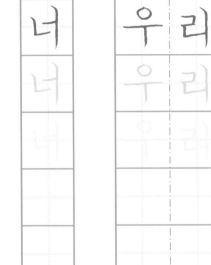

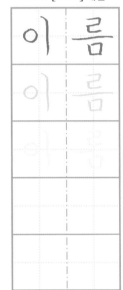

school[skú:l] 스쿠울   teacher[tí:tʃər] 티이쳐   class[klǽs] 클래스   playgrond[pléigràund] 플레이그라운드

학교	선생님	교실	운동장

가족과 관계있는 낱말을 바르게 쓰면서
다시 한 번 정확히 익히세요.

father [fɑ́:ðər] 파아더

mother [mʌ́ðər] 머더

baby [béibi] 베이비

elder brother
[éldər brʌ́ðər] 엘더 브러더

아	버	지
아	버	지

어	머	니
어	머	니

아	기
아	기

형
형

little brother(sister) [lítl brʌ́dər(sìstər)]
리틀 브러더(씨스터)

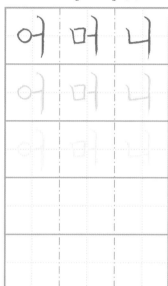

elder brother
[éldər brʌ́ðər] 엘더 브러더

family [fǽməli] 패멀리

elder sister [éldər sìstər]
엘더 씨스터

동	생
동	생

오	빠
오	빠

가	족
가	족

누	나
누	나

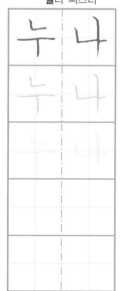

여러 가지 학용품의 이름을 바르게 써 보세요.
그리고 영어 이름도 익혀 보세요.

✿ 국어활동1-1 7쪽

pencil[pénsəl] 펜설

eraser[iréisər] 이레이서

pencil case
[pénsəl kèis] 펜설 케이스

scissors[sízərz] 시저즈

연 필

지 우 개

필 통

가 위

notebook[nóutbùk]
노우트북

compass[kʌmpəs] 컴퍼스

ruler
[rú:lər] 루울러

colored pencil
[kʌlərd pénsəl] 컬러드 펜설

공 책

컴 퍼 스

자

색 연 필

여러 가지 학용품의 이름을 바르게 써 보세요.
그리고 영어 이름도 익혀 보세요.

✽ 국어활동1-1 7쪽

pastel crayon
[pæstél kréian] 패스텔 크레이안

brush [brʌʃ] 브러쉬

colors [kʌ́lərz] 컬러즈

크 레 파 스

붓

그 림 물 감

colored paper
[kʌ́lərd péipər] 컬러드 페이퍼

paste [péist]
페이스트

knife [náif]
나이프

sketchbook [skétʃbùk] 스케치북

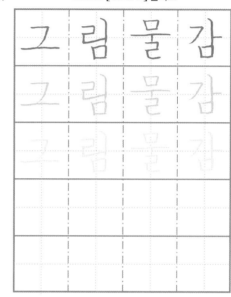

색 종 이

풀

칼

스 케 치 북

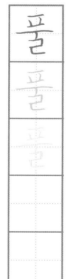
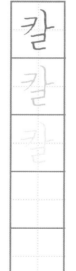

낱말을 바르게 쓰고, 알맞은 그림에 이으세요.
앞에서 공부한 낱말을 다시 한 번 정확히 익히세요.

✱ 국어1-1가, 국어활동1-1 1단원

지 우 개

필 통

가 위

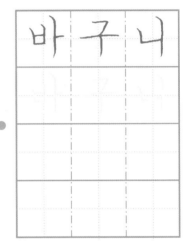

바 구 니

모 자

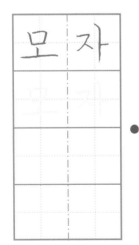

구 두

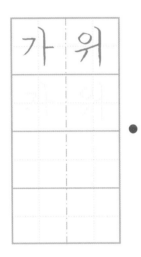

재미있게 ㄱㄴㄷ

- 자음자(ㄱ~ㅎ)의 모양과 이름을 알고,
  자음자를 쓰는 순서에 맞게 써 봅니다.
- 자음자의 이름을 받침에 주의하며 바르게 써 봅니다.
- ㄱ부터 ㅎ까지 같은 자음자가 들어간 낱말을 알아보고,
  쓰는 순서에 맞게 바르게 써 봅니다.
- 자음자의 소리를 정확히 익힙니다.
- 점을 이어 자음자를 만들어 봅니다.

기역	니은	디귿	리을	미음	비읍	시옷
ㄱ	ㄴ	ㄷ	ㄹ	ㅁ	ㅂ	ㅅ
ㄱ	ㄴ	ㄷ	ㄹ	ㅁ	ㅂ	ㅅ
ㄱ	ㄴ	ㄷ	ㄹ	ㅁ	ㅂ	ㅅ
ㄱ	ㄴ	ㄷ	ㄹ	ㅁ	ㅂ	ㅅ
ㄱ	ㄴ	ㄷ	ㄹ	ㅁ	ㅂ	ㅅ

ㅇ부터 ㅎ까지 자음자의 이름을 큰 소리로 읽고,
자음자를 쓰는 순서에 맞게 바르게 써 보세요. ✿ 국어1-1가 52쪽, 국어활동1-1 10~27쪽

이응	지읒	치읓	키읔	티읕	피읖	히읗
ㅇ	ㅈ	ㅊ	ㅋ	ㅌ	ㅍ	ㅎ
ㅇ	ㅈ	ㅊ	ㅋ	ㅌ	ㅍ	ㅎ
	ㅈ	ㅊ	ㅋ	ㅌ	ㅍ	ㅎ
ㅇ	ㅈ	ㅊ	ㅋ	ㅌ	ㅍ	ㅎ
ㅇ	ㅈ	ㅊ	ㅋ	ㅌ	ㅍ	ㅎ

ㄱ	기역	기역	기역	기역	기역

ㄴ	니은	니은	니은	니은	니은

ㄷ	디귿	디귿	디귿	디귿	디귿

ㄹ	리을	리을	리을	리을	리을

ㅁ	미음	미음	미음	미음	미음

ㅂ	비읍	비읍	비읍	비읍	비읍

ㅅ	시옷	시옷	시옷	시옷	시옷

✻특히 받침을 잘 살펴보세요. 각 자음자가 그대로 쓰입니다.

자음자(ㅇ~ㅎ)의 이름을 쓰는 순서에 맞게 바르게 쓰고,
소리 내어 읽으며 정확히 익히세요.

✱ 국어1-1가 52쪽, 국어활동1-1 10~27쪽

ㅇ 이응 이응 이응 이응 이응

ㅈ 지읒 지읒 지읒 지읒 지읒

ㅊ 치읓 치읓 치읓 치읓 치읓

ㅋ 키읔 키읔 키읔 키읔 키읔

ㅌ 티읕 티읕 티읕 티읕 티읕

ㅍ 피읖 피읖 피읖 피읖 피읖

ㅎ 히읗 히읗 히읗 히읗 히읗

 ·

니은
니은

 ·

이응
이응

 ·

티읕
티읕

 ·

기역
기역

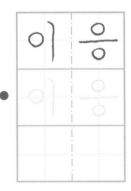

 ·

리을
리을

 ·

시옷
시옷

 ·

디귿
디귿

 ·

히읗
히읗

자음자와 그 이름을 선으로 잇고,
자음자의 이름을 바르게 써 보세요.

✱ 국어1-가 52쪽, 국어활동1-1 10~27쪽

 ·

지읒
지읒

 ·

티읕
티읕

미음
미음

 ·

비읍
비읍

 ·

니은
니은

 ·

피읖
피읖

 ·

키읔
키읔

 ·

치읓
치읓

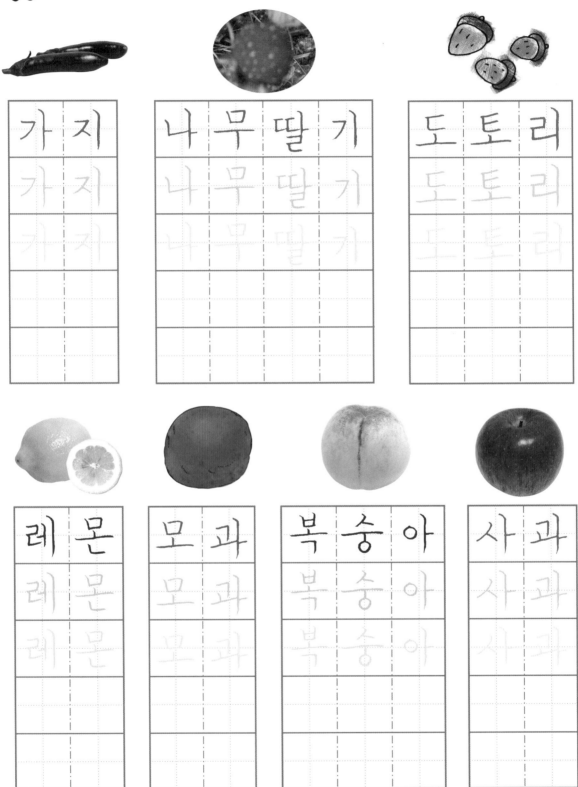

가	지
가	지
가	지

나	무	딸	기
나	무	딸	기
나	무	딸	기

도	토	리
도	토	리
도	토	리

레	몬
레	몬
레	몬

모	과
모	과
모	과

복	숭	아
복	숭	아
복	숭	아

사	과
사	과
사	과

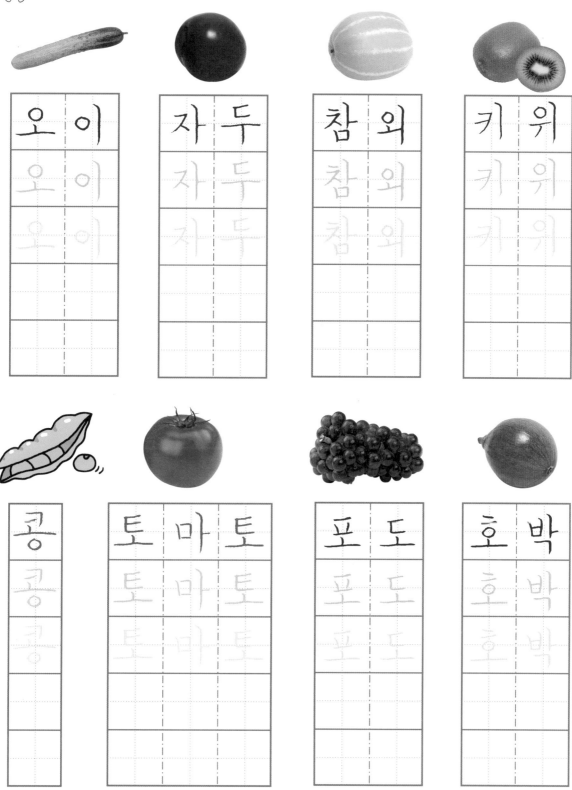

오	이
자	두
참	외
키	위

| 콩 |
토	마	토
포	도
호	박

가 루

고 구 마

기 차

구 름

가 방

가 지

기 린

개 미

곰

다음 낱말을 바르게 쓰고 큰 소리로 읽어 보세요.
그리고 자음자 'ㄴ'을 찾아보세요.

❈ 국어활동1-1 15쪽

너 구 리	누 나	노 래	나 무

노 루	나 비	나 사	나 이	나

두더지	도토리	도자기
두더지	도토리	도자기
두더지	도토리	도자기

도로	다리미	두유	다람쥐
도로	다리미	두유	다람쥐
도로	다리미	두유	다람쥐

다음 낱말을 바르게 쓰고 큰 소리로 읽어 보세요.
그리고 자음자 'ㄹ'을 찾아보세요.

✻ 국어활동1-1 17쪽

머 리	노 래	라 면	유 리

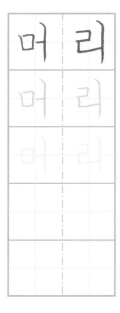

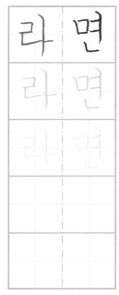

라라라!

라 디 오	리 어 카	랄 랄 랄

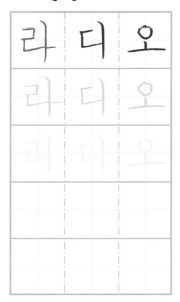

다음 낱말을 바르게 쓰고 큰 소리로 읽어 보세요.
그리고 자음자 'ㅁ'을 찾아보세요.

✽ 국어활동1-1 18쪽

무	지	개
무	지	개
무	지	개

매	미
매	미
매	미

모	기
모	기
모	기

미	소
미	소
미	소

마	루
마	루
마	루

마	차
마	차
마	차

모	래
모	래
모	래

메	뚜	기
메	뚜	기
메	뚜	기

바 지	부 채	보 리	바 구 니
바 지	부 채	보 리	바 구 니
바 지	부 채	보 리	바 구 니

보 자 기	바 가 지	비	비 누
보 자 기	바 가 지	비	비 누
보 자 기	바 가 지	비	비 누

사 자	소 나 기	시 계	수 저

수 도	소 라	소 나 무	수 건

다음 낱말을 바르게 쓰고 큰 소리로 읽어 보세요.
그리고 자음자 'ㅇ'을 찾아보세요.

❋ 국어활동1-1 21쪽

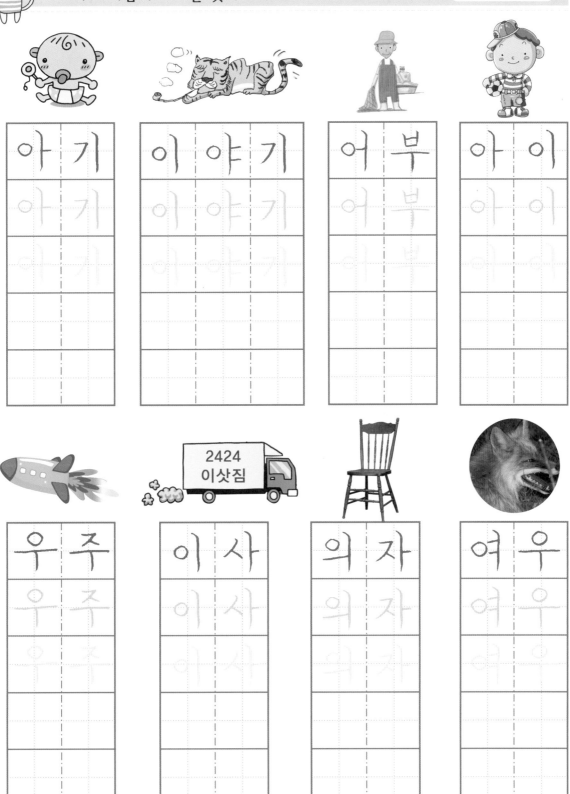

아 기

이 야 기

어 부

아 이

우 주

이 사

의 자

여 우

다음 낱말을 바르게 쓰고 큰 소리로 읽어 보세요.
그리고 자음자 'ㅈ'을 찾아보세요.

✱ 국어활동1-1 22쪽

자 라	조 개	저 고 리	자 루

주 머 니	주 소	주 사	자

다음 낱말을 바르게 쓰고 큰 소리로 읽어 보세요.
그리고 자음자 'ㅊ'을 찾아보세요.

✽ 국어활동1-1 23쪽

치	마

초

초	코

초	대

창	문

치	약

참	외

친	구

추	위

다음 낱말을 바르게 쓰고 큰 소리로 읽어 보세요.
그리고 자음자 'ㅋ'을 찾아보세요.

❋ 국어활동1-1 24쪽

코 끼 리	코	카 드	코 알 라

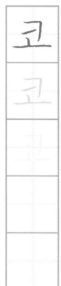  

카 메 라	키 위	콩	코 피

다음 낱말을 바르게 쓰고 큰 소리로 읽어 보세요.
그리고 자음자 'ㅌ'을 찾아보세요.

✿ 국어활동1-1 25쪽

타	조
타	조
타	조

토	끼
토	끼
토	끼

투	수
투	수
투	수

텔	레	비	전
텔	레	비	전
텔	레	비	전

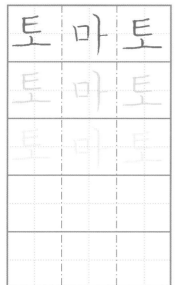  

토	마	토
토	마	토
토	마	토

튜	브
튜	브
튜	브

티	셔	츠
티	셔	츠
티	셔	츠

탈
탈
탈

다음 낱말을 바르게 쓰고 큰 소리로 읽어 보세요.
그리고 자음자 'ㅍ'을 찾아보세요.

✳ 국어활동1-1 26쪽

파 도	피 아 노	피 자	피 부

차 표	풍 선	포 크	양 파	팔

나는 하루에 한 번 떠요.

하	마

호	랑	이

하	루

한	글

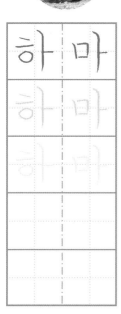   

휴	지

호	두

할	머	니

하	늘

다 함께 아야어여

- 모음자의 모양을 살펴보고 이름을 압니다.
- 모음자를 쓰는 순서에 맞게 바르게 써 봅니다.
- 낱말에 쓰인 모음자를 찾아 그 이름을 말해 봅니다.
- 채소의 이름을 알고, 낱말을 바르게 써 봅니다.
  영어 이름도 함께 익힙니다.
- 웃음소리에 든 모음자를 알아보고 바르게 써 봅니다.
- ㅏ, ㅑ, ㅓ, ㅕ, ㅗ, ㅛ, ㅜ, ㅠ, ㅡ, ㅣ가 들어간 낱말을 바르게 쓰고
  소리 내어 읽어 봅니다.

모음자 ㅏ, ㅑ, ㅓ, ㅕ, ㅗ, ㅛ, ㅜ를 순서에 맞게 바르게 써 보세요.
각 모음자의 이름을 큰 소리로 읽어 보세요.

✱ 국어활동1-1 28~38, 99쪽

아	야	어	여	오	요	우

모음자 ㅠ, ㅡ, ㅣ, ㅑ, ㅕ, ㅛ, ㅠ를 순서에 맞게 바르게 써 보세요.
각 모음자의 이름을 큰 소리로 읽어 보세요.

✽ 국어활동1-1 28~38, 99쪽

유	으	이		야	여	요	유
ㅠ	ㅡ	ㅣ		ㅑ	ㅕ	ㅛ	ㅠ
ㅠ	ㅡ	ㅣ		ㅑ	ㅕ	ㅛ	ㅠ
ㅠ	ㅡ	ㅣ		ㅑ	ㅕ	ㅛ	ㅠ
ㅠ	ㅡ	ㅣ		ㅑ	ㅕ	ㅛ	ㅠ
ㅠ	ㅡ	ㅣ		ㅑ	ㅕ	ㅛ	ㅠ

각각의 이름을 바르게 쓰고 읽어 보세요.
그리고 각 이름에서 모음자를 찾아보세요.

✱ 국어1-1가 74~79쪽

무	도	라	지	파	오	이	가	지
무	도	라	지	파	오	이	가	지
무	도	라	지	파	오	이	가	지

고	구	마	바	나	나	포	도	바	다
고	구	마	바	나	나	포	도	바	다
고	구	마	바	나	나	포	도	바	다

각각의 이름을 바르게 쓰고 읽어 보세요.
그리고 각 이름에서 모음자를 찾아보세요.

✽ 국어-1가 74~79쪽

기 차	오 리	오 소 리	구 름

너 구 리	사 자	여 우	소 고

채소의 이름을 큰 소리로 읽어 보세요.
연필을 바르게 잡고 낱말을 써 보세요.

✽ 국어-1가 74~79쪽

cucumber
[kjúːkʌmbər] 큐우컴버

carrot [kǽrət] 캐럿

radish
[rǽdiʃ] 래디쉬

broccoli [brákəli] 브라컬리

오	이
오	이
오	이

당	근
당	근
당	근

무
무
무

브	로	콜	리
브	로	콜	리
브	로	콜	리

Chinese cabbage [tʃáiniːz
kǽbidʒ]차이니이즈 캐비쥐

red pepper [réd pépər]
레드 페퍼

garlic [gáːrlik] 가알릭

cabbage [kǽbidʒ] 캐비쥐

배	추
배	추
배	추

고	추
고	추
고	추

마	늘
마	늘
마	늘

양	배	추
양	배	추
양	배	추

채소의 이름을 큰 소리로 읽어 보세요.
연필을 바르게 잡고 낱말을 써 보세요.

onion [ˈʌnjən] 어니언

eggplant [ˈégplæ̀nt] 에그플랜트

pumpkin [pʌ́m(p)kin] 펌(프)킨

spinach [spínitʃ] 스피니취

양 파

양 파

양 파

가 지

가 지

가 지

호 박

호 박

호 박

시 금 치

시 금 치

시 금 치

lettuce [létis] 레티스

ginger [dʒíndʒər] 진저

green onion [gríːn ˈʌnjən] 그리인 어니언

paprika [pæpríːkə] 패프리이커

상 추

상 추

상 추

생 강

생 강

생 강

파

파

파

파 프 리 카

파 프 리 카

파 프 리 카

다음 웃음소리에 들어 있는 모음자를 찾아보세요.
그리고 연필을 바르게 잡고 예쁘게 써 보세요.

✱ 국어1-1가 88~89쪽

하	하	하
허	허	허
히	히	히

호	호	호
후	후	후
흐	흐	흐

동물의 이름을 소리 내어 읽고, 모음자를 찾아보세요.
그리고 연필을 바르게 잡고 예쁘게 써 보세요.

✽ 국어활동1-1 32~33쪽

두 더 지	사 자	오 리	두 꺼 비

코 끼 리	토 끼	하 마

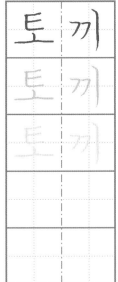 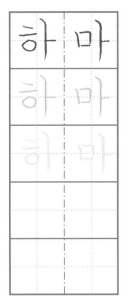 

모음자 ㅏ, ㅑ, ㅓ, ㅕ가 쓰인 낱말을 알아보세요.
연필을 바르게 잡고 낱말을 써 보세요.

✽ 국어활동1-1 34~35쪽

나라

바나나

야구

양

거미

버스

여름

겨울

모음자 ㅗ, ㅛ, ㅜ, ㅠ가 쓰인 낱말을 알아보세요.
연필을 바르게 잡고 낱말을 써 보세요.

✿ 국어활동1-1 36~37쪽

포 도	오 소 리	요 리	우 표

구 두	우 주	우 유	유 리

그	릇
그	릇
그	릇

코	스	모	스
코	스	모	스
코	스	모	

요	구	르	트
요	구	르	트
요	구	르	트

비
비
비

피	리
피	리
피	리

치	마
치	마
치	마

티	셔	츠
티	셔	츠
티	셔	츠

글자를 만들어요

- 글자의 짜임을 알고 낱말을 소리 내어 읽어 봅니다.
- 글자에서 자음자와 모음자를 찾아보고 말해 봅니다.
- 글자를 읽고 바르게 써 봅니다.
- 리 자로 끝나는 말을 알아보고 바르게 써 봅니다.
- 우리 몸의 이름을 말하고, 낱말을 바르게 써 봅니다.
- 모음자 ㅐ, ㅔ, ㅚ, ㅟ, ㅘ, ㅝ, ㅙ의 이름을 알고 바르게 써 봅니다.
- 모음자 ㅐ, ㅔ, ㅚ, ㅟ, ㅘ, ㅝ, ㅙ가 들어간 낱말을 바르게 써 봅니다.
- 과일의 이름을 바르게 써 봅니다.
- 동시를 실감 나게 읽고 바르게 써 봅니다.

글자를 만들며 글자의 짜임을 살펴보세요.
연필을 바르게 잡고 낱말을 써 보세요.

✿ 국어1-1 가 100~105쪽

ㅍ+ㅏ	ㅂ+ㅣ	ㅅ+ㅏ	ㅊ+ㅏ	ㅈ+ㅏ	ㅂ+ㅏ ㄷ+ㅏ
파	비	사	차	자	바다

ㅁ+ㅜ	ㅋ+ㅗ	ㅅ+ㅗ	ㄱ+ㅜ	ㅊ+ㅗ	ㄱ+ㅗ ㅁ+ㅗ
무	코	소	구	초	고모

글자를 만들며 글자의 짜임을 살펴보세요.
연필을 바르게 잡고 낱말을 써 보세요.

✽ 국어1-1 가 100~105쪽

ㅍ+ㅣ   ㄹ+ㅣ   피+리

피 리 피 리

ㄴ+ㅗ   ㄹ+ㅜ   노+루

노 루 노 루

ㅂ+ㅗ   ㄹ+ㅣ   보+리

보 리 보 리

ㅂ+ㅜ   ㄹ+ㅣ   부+리

부 리 부 리

글자의 짜임, 낱말의 짜임을 생각하며 다음을 바르게 쓰세요.
글자에서 자음자와 모음자를 찾아보세요.

✽ 국어1-1가 92~99쪽

ㄴ+ㅏ	ㅁ+ㅜ	나+무	ㅇ+ㅜ	ㄹ+ㅣ	우+리
나	무	나무	우	리	우리

ㅁ+ㅗ	ㄷ+ㅜ	모+두	ㄷ+ㅗ	ㅅ+ㅣ	도+시
모	두	모두	도	시	도시

글자의 짜임, 낱말의 짜임을 생각하며 다음을 바르게 쓰세요.
글자에서 자음자와 모음자를 찾아보세요.

✽ 국어1-1가 92~99쪽

ㄱ+ㅗ ㄱ+ㅜ ㅁ+ㅏ   고+구+마

고   구   마   고구마

ㅇ+ㅜ ㅇ+ㅠ 우+유   ㅁ+ㅗ ㅈ+ㅏ   모+자

우   유   우유   모   자   모자

글자의 짜임을 생각하며 낱말을 큰 소리로 읽어 보세요.
그리고 쓰는 순서에 맞게 바르게 써 보세요.

✽ 국어활동1-1 44~49쪽

가 구	기 타	도 자 기	비 누
가 구	기 타	도 자 기	비 누
가 구	기 타	도 자 기	비 누

시 소	차 표	카 드	휴 지
시 소	차 표	카 드	휴 지
시 소	차 표	카 드	휴 지

가 지	너 구 리	도 토 리	호 두
가 지	너 구 리	도 토 리	호 두
가 지	너 구 리	도 토 리	호 두

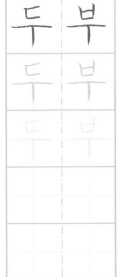

두 루 미	두 부	소 라	포 크
두 루 미	두 부	소 라	포 크
두 루 미	두 부	소 라	포 크

   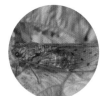

배	새	모 래	개	매 미
배	새	모 래	개	매 미
배	새	모 래	개	매 미

게	그 네	제 비	메 뚜 기
게	그 네	제 비	메 뚜 기
게	그 네	제 비	메 뚜 기

모음자 '괴'와 '귀'가 들어간 낱말을 바르게 쓰고,
또박또박 큰 소리로 읽어 보세요.

✿ 국어활동1-1 54~55쪽

내가
최고!

| 참 | 외 | 최 | 고 | 열 | 쇠 | 쇠 | 똥 | 구 | 리 |

| 가 | 위 | 바 | 위 | 귀 | | 다 | 람 | 쥐 |

모음자 '과'와 '궈'가 들어간 낱말을 바르게 쓰고,
또박또박 큰 소리로 읽어 보세요.

✳ 국어활동1-1 56~57쪽

과 자

기 와

사 과

도 화 지

병 원

태 권 도

원 숭 이

꿩

모음자 '내'와 '니'가 들어간 낱말을 바르게 쓰고,
또박또박 큰 소리로 읽어 보세요.

✽ 국어활동1-1 58~59쪽

돼	지
돼	지
돼	지

꽹	과	리
꽹	과	리
꽹	과	리

| 왜 |
| 왜 |
| 왜 |

꽥	꽥
꽥	꽥
꽥	꽥

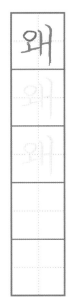
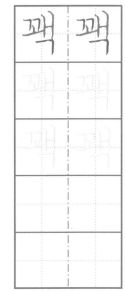

의	자
의	자
의	자

의	사
의	사
의	사

무	늬
무	늬
무	늬

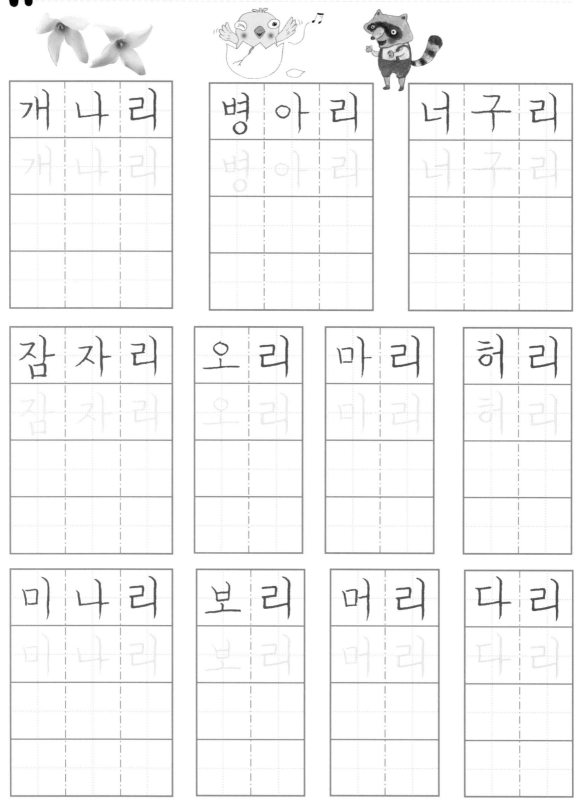

개 나 리

병 아 리

너 구 리

잠 자 리

오 리

마 리

허 리

미 나 리

보 리

머 리

다 리

저	고	리
저	고	리

개	구	리
개	구	리

도	토	리
도	토	리

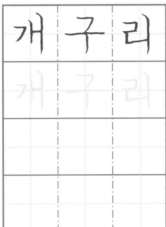

사	다	리
사	다	리

피	리
피	리

소	리
소	리

코	끼	리
코	끼	리

유	리
유	리

우	리
우	리

서	리
서	리

고	사	리
고	사	리

우리 몸과 관계있는 낱말을 바르게 써 보세요.
그리고 큰 소리로 읽어 보세요.

✻ 국어-1가 108~109쪽

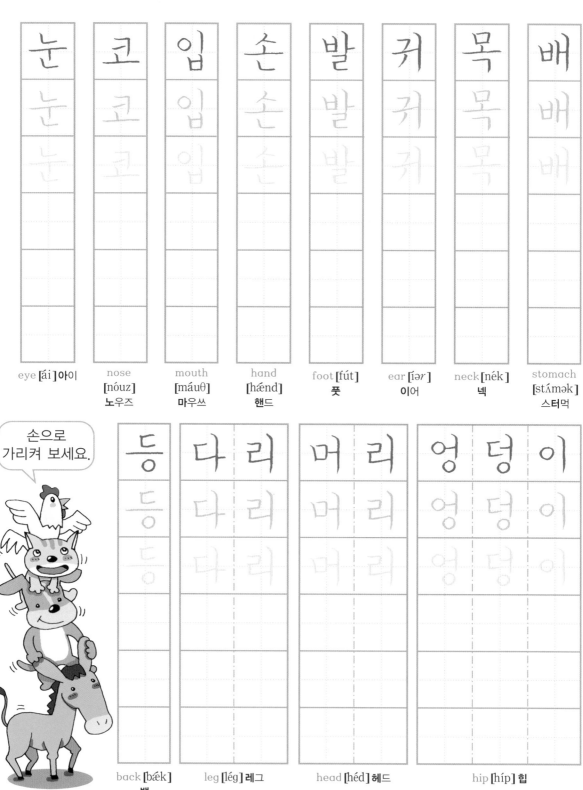

눈	코	입	손	발	귀	목	배

eye [ái] 아이 | nose [nóuz] 노우즈 | mouth [máuθ] 마우쓰 | hand [hǽnd] 핸드 | foot [fút] 풋 | ear [íər] 이어 | neck [nék] 넥 | stomach [stʌ́mək] 스터먹

손으로 가리켜 보세요.

등	다 리	머 리	엉 덩 이

back [bǽk] 백 | leg [lég] 레그 | head [héd] 헤드 | hip [híp] 힙

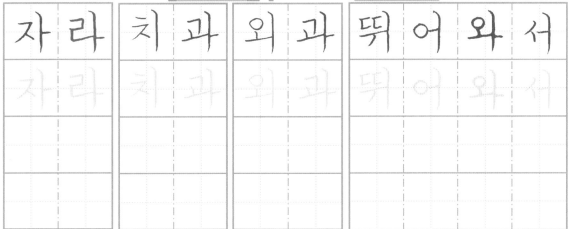

| 자 라 | 치 과 | 외 과 | 뛰 어 와 서 |
| 자 라 | 치 과 | 외 과 | 뛰 어 와 서 |

| 아 파 서 | 느 리 게 | 노 루 | 토 끼 |
| 아 파 서 | 느 리 게 | 노 루 | 토 끼 |

| 데 려 다 줄 게 | 서 두 르 다 가 |
| 데 려 다 줄 게 | 서 두 르 다 가 |

과일의 이름을 바르게 써 보세요.
각 과일의 모양과 맛에 대해 이야기해 보세요.

✱ 국어-1가 115쪽

peach [píːtʃ] 피이취   oriental melon [ɔːriéntəl mélən]오오리엔털 멜런   grape [gréip] 그레이프   jujube [dʒúːdʒùːb] 쮸우쮸우브

복	숭	아		참	외		포	도		대	추
복	숭	아		참	외		포	도		대	추
복	숭	아		참	외		포	도		대	추

apple [ǽpl] 애플   pear [péər] 페어   banana [bənǽnə] 버내너   persimmon [pəːrsímən]퍼어시먼   strawberry [strɔ́ːbèri] 스트로오베리

사	과		배		바	나	나		감		딸	기
사	과		배		바	나	나		감		딸	기
사	과		배		바	나	나		감		딸	기

과일의 이름을 바르게 써 보세요.
각 과일의 모양과 맛에 대해 이야기해 보세요.

국어-1가 115쪽

tangerine

kiwi [kíːwiː] 키이위이

plum [plʌm] 플럼

[tændʒəríːn] 탄저리인

pineapple [páinæ̀pl] 파인애플

키	위
키	위
키	위

자	두
자	두
자	두

귤
귤
귤

파	인	애	플
파	인	애	플
파	인	애	플

watermelon

muskmelon

[wɔ́ːtərmèlən] 워어터멜런

orange [ɔ́ːrindʒ] 오오린쥐

lemon [lémən] 레먼

[mʌ́skmèlən] 머스크멜런

수	박
수	박
수	박

오	렌	지
오	렌	지
오	렌	지

레	몬
레	몬
레	몬

멜	론
멜	론
멜	론

우리 모두 다 같이

우리 모두 다 같이

손뼉을

손뼉을

우리 모두 다 같이

우리 모두 다 같이

즐겁게 노래해

즐겁게 노래해

다정하게 인사해요

- 인사할 때의 마음가짐에 대해 알아봅니다.
- 알맞은 인사말을 알아보고, 바르게 써 봅니다.
- 여러 가지 상황에 맞는 인사말을 알아봅니다.
- 인사 노래를 부르며 인사 놀이를 해 봅니다.
- 5단원에서 공부한 낱말을 바르게 쓰면서 정확히 익힙니다.

어른에게 하는 여러 가지 인사말을 큰 소리로 읽으며 알아보세요.
그리고 바르게 써 보세요.

✻ 국어, 국어활동1-1 5단원

 아침에 일어났을 때

안	녕	히		주	무	셨	어	요	?
안	녕	히		주	무	셨	어	요	?

학교에 갈 때(학교 대신 놀이터, 학원, 수영장 등도 넣어 보세요.)

학	교	에		다	녀	오	겠	습	니	다	.
학	교	에		다	녀	오	겠	습	니	다	

학교에서 집에 돌아왔을 때(학교 대신 놀이터, 학원 등을 넣어 보세요.)

학	교	에		다	녀	왔	습	니	다	.
학	교	에		다	녀	왔	습	니	다	

어른에게 하는 여러 가지 인사말을 큰 소리로 읽으며 알아보세요.
그리고 바르게 써 보세요.

✱ 국어, 국어활동1-1 5단원

만났을 때

안	녕	하	세	요	?
안	녕	하	세	요	?

헤어질 때(어른이 그 자리를 뜰 경우)

안	녕	히		가	세	요	.
안	녕	히		가	세	요	.

헤어질 때(어른이 그 자리에 머무를 경우)

안	녕	히		계	세	요	.
안	녕	히		계	세	요	.

어른에게 하는 여러 가지 인사말을 큰 소리로 읽으며 알아보세요.
그리고 바르게 써 보세요.

✻ 국어, 국어활동1-1 5단원

 간식이나 밥을 먹을 때

잘　먹겠습니다.

어른께 고마움을 나타낼 때(선생님께서 우유를 나누어 주셨을 때 등)

선생님,＊　고맙습니다.

어른이 집에 돌아오셨을 때

안녕히　다녀오셨어요？

친구와 나누는 여러 가지 인사말을 큰 소리로 읽으며 알아보세요.
그리고 바르게 써 보세요.

🐌 만났을 때

안	녕	?	*	만	나	서		반	가	워	.
안	녕	?		만	나	서		반	가	워	

🐥 헤어질 때

잘		가	*	.	내	일		또		만	나	.
잘		가		.	내	일		또		만	나	

🐭 다치거나 아픈 친구를 만났을 때

아	픈		데	는		괜	찮	니	?
아	픈		데	는		괜	찮	니	?

✽물음표(?)와 느낌표(!) 다음에는 한 칸을 비워요.
쉼표(,)와 마침표(.) 다음에는 한 칸을 비우지 않아요.

다음 인사말을 큰 소리로 읽으며 알아보세요.
그리고 바르게 써 보세요.

❋ 국어, 국어활동1-1 5단원

 어른에게 고마움을 나타낼 때

감사합니다.
감사합니다.

 친구가 상을 받았을 때

민수야, 축하해!
민수야, 축하해!

 친구가 생일을 맞았을 때

생일 축하해!
생일 축하해!

생일
축하해!

안 녕　안 녕　안 녕 하 세 요

오 늘 도　만 나 서　반 갑 습

니 다　　하 하 하　웃 으 며

악 수 합 시 다　오 른 손

맛 있 는 빵 냠 냠 예 쁘 게

좋 아 요 간 식 인 사 마 음

모 으 고 길 에 서 참 어 른

받침이 있는 글자

- 글자의 짜임을 알고 낱말을 소리 내어 읽어 봅니다. .
- 받침 없는 글자에 자음자를 합해 받침 있는 글자를 만들고,
  받침 있는 글자가 들어간 낱말을 알아보고 바르게 써 봅니다.
- 한 글자로 된 낱말, 두 글자로 된 낱말을 알아보고 바르게 써 봅니다.
- 틀리기 쉬운 낱말을 받침에 주의하며 바르게 읽어 봅니다.
- 교실에서 만날 수 있는 낱말을 쓰고 소리 내어 읽어 봅니다.
- 6단원에서 공부한 낱말을 바르게 쓰면서 정확히 익힙니다.

받침 없는 글자에 자음자를 합하여 받침 있는 글자를 만들고,
쓰는 순서에 맞게 바르게 써 보세요.

✻ 국어, 국어활동1-1 6단원

자음자 / 글 자	ㄱ	ㄴ	ㄷ	ㄹ	ㅁ	ㅂ	ㅅ	ㅇ
가	각	간	갇	갈	감	갑	갓	강
🍓	각	간	갇	갈	감	갑	갓	강
🍊								
🍈								
나	낙	난	낟	날	남	납	낫	낭
🍐	낙	난	낟	날	남	납	낫	낭
🫐								
🍑								
다	닥	단	닫	달	담	답	닷	당
🍇	닥	단	닫	달	담	답	닷	당
🥝								

받침 없는 글자에 자음자를 합하여 받침 있는 글자를 만들고,
쓰는 순서에 맞게 바르게 써 보세요.

✱ 국어, 국어활동1-1 6단원

자음자 / 글 자	ㅈ	ㅊ	ㅌ	ㅍ	ㅎ	ㅂ	ㅊ	ㅎ
가	갖	갗	같	갚	갛	갑	갗	강
	갗	갗	같	갚	갛	갑	갗	강
나	낮	낯	낱		낳	납	낯	낭
	낮	낯	낱		낳	납	낯	낭
다	닺	닻			닿	답	닻	당
	닺	닻			닿	답	닻	당

연필을 바르게 잡고 낱말을 써 보세요.
받침이 있는 글자의 짜임을 잘 살펴보세요.

✽ 국어 1-1나 150~159쪽

ㅂ+ㅣ	비+ㅊ		ㅈ+ㅏ	자+ㅁ		ㅇ+ㅣ	이+ㅍ	이+ㄹ
비	빛		자	잠		이	잎	일

ㅂ+ㅏ+ㅌ	ㅍ+ㅜ+ㄹ	ㄷ+ㅗ+ㄹ	ㅅ+ㅜ+ㅍ	ㅈ+ㅣ+ㅂ	ㄱ+ㅏ+ㅇ
밭	풀	돌	숲	집	강

연필을 바르게 잡고 낱말을 써 보세요.
받침이 있는 글자의 짜임을 잘 살펴보세요.

✽ 국어 1-1나 150~159쪽

ㄱ+ㅏ+ㅁ	ㄱ+ㅗ+ㅇ	ㄴ+ㅜ+ㄴ	ㄷ+ㅏ+ㄹ	ㅁ+ㅗ+ㄱ	ㅂ+ㅏ+ㅂ	ㅅ+ㅗ+ㄹ
감	공	눈	달	목	밥	솔

ㅅ+ㅣ+ㄴ	ㅈ+ㅗ+ㅇ	ㅅ+ㅏ+ㄴ	ㅊ+ㅜ+ㅁ	ㅋ+ㅏ+ㄹ	ㅂ+ㅕ+ㄹ	ㅎ+ㅣ+ㅁ
신	종	산	춤	칼	별	힘

ㅊ+ㅏ　차+ㅇ　　ㅍ+ㅏ　파+ㄹ　파+ㅌ　　ㅅ+ㅗ　소+ㄴ　소+ㅌ

차	창	파	팔	팥	소	손	솥

ㅁ+ㅜ　무+ㄴ　무+ㄹ　　ㅋ+ㅗ　코+ㅇ　　ㅂ+ㅏ　　　바+ㄴ

무	문	물	코	콩	바 지	반 지

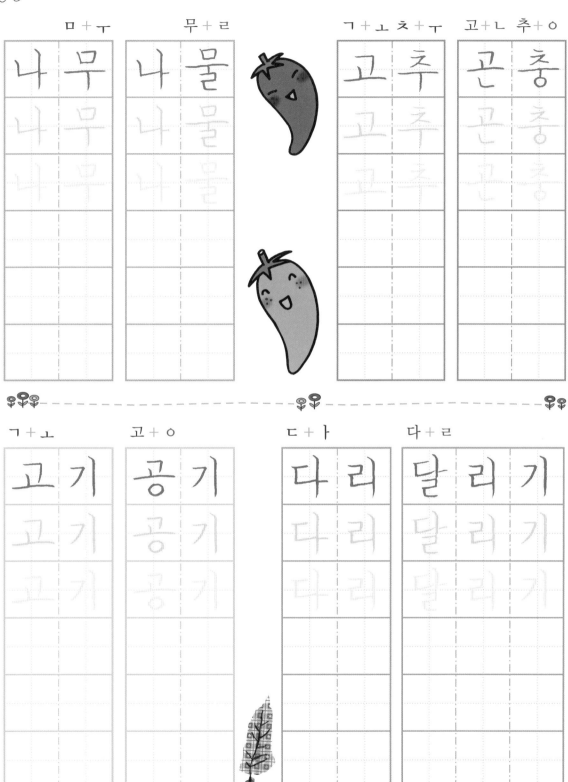

ㅁ+ㅜ
나무

무+ㄹ
나물

ㄱ+ㅗ ㅊ+ㅜ
고추

고+ㄴ 추+ㅇ
곤충

ㄱ+ㅗ
고기

고+ㅇ
공기

ㄷ+ㅏ
다리

다+ㄹ
달리기

받침에 주의하며 낱말을 써 보세요.
각 낱말을 큰 소리로 바르게 읽어 보세요.

❋ 국어활동1-1 74~75쪽

✕얀국	✕정신	✕웅돈장	✕챈꽂이
약 국	점 심	운 동 장	책 꽂 이

✕응핸	✕잔난감	✕비핸기	✕싱발
은 행	장 난 감	비 행 기	신 발

✕챙산	✕저화기	✕신내화	✕푼선
책 상	전 화 기	실 내 화	풍 선

다음을 바르게 쓰고 큰 소리로 읽어 보세요.
받침이 있는 글자를 찾아보세요.

✿ 국어활동1-1 72쪽

| 어 | 흥 | 쉬 | 었 | 다 | | 가 | 렴 | . |

| 폴 | 짝 | 폴 | 짝 | 깜 | 짝 | 이 | 야 | . |

| 구 | 름 | | 놀 | 이 | 깡 | 충 | 깡 | 충 |

다음 문장을 바르게 쓰고 큰 소리로 읽어 보세요.
받침이 있는 글자를 찾아보세요.

✻ 국어활동1-1 73쪽

예쁜 꽃이 피었습니다.

나랑 같이 놀자.

솜사탕을 만들어야지.

교실에서 만날 수 있는 낱말을 바르게 쓰세요.
각 낱말에 있는 받침을 찾아보세요.

✳ 국어 1-1나 170~171쪽

화 분	책 상	칠 판	필 통	책

연 필	친 구	창 문	교 실	꽃

연필을 바르게 잡고 낱말을 써 보세요.
각 낱말에서 받침을 찾아보세요.

✻ 국어 1-1나 175쪽

자	동	차
동	물	
달	리	기
기	린	

친	구
농	구
염	소
소	방	서

보	름	달
우	체	국
놀	이	터

생각을 나타내요

- 생각을 잘 나타낼 수 있도록 짧은 문장을 만들고 바르게 씁니다.
- 문장에 어울리는 낱말을 알아보고 바르게 써 봅니다.
- 또박또박 큰 소리로 문장을 읽어 봅니다.
- 풀밭에서 볼 수 있는 동물들을 떠올려 봅니다.
- 동시 '좋겠다'를 소리 내어 읽어 보고, 좋겠다처럼 문장을 만들어 봅니다.
- 그림에 어울리는 문장을 만들고, 소리 내어 읽어 봅니다.
- 7단원에서 공부한 낱말을 바르게 쓰면서 정확히 익힙니다.

연필을 바르게 잡고 문장을 써 보세요.
그리고 소리 내어 또박또박 읽어 보세요.

✱ 국어 1-1나 176~181쪽

곰이 마늘을 먹는다.

호랑이가 세수를 합니다.

곰이 잠을 잡니다.

곰이 미끄럼틀을 타요.

건호가 책을 읽습니다.

원숭이가 그네를 타요.

친구들이 놀이터에서

놀아요.

연필을 바르게 잡고 문장을 써 보세요.
그리고 소리 내어 또박또박 읽어 보세요.

✱ 국어 1-1나 182~187쪽

콩쥐가 울고 있습니다.

항아리가 깨졌습니다.

두꺼비가 콩쥐를 도와

줍니다.

연필을 바르게 잡고 문장을 써 보세요.
그리고 소리 내어 또박또박 읽어 보세요.

✽ 국어 1-1나 182~187쪽

자라가 토끼를 만납니다.

토끼가 인사를 합니다.

토끼와 자라가 용궁으

로 갑니다.

토끼가 밥을 먹습니다.

사자가 공을 찹니다.

악어가 이를 닦습니다.

기린이 물을 마십니다.

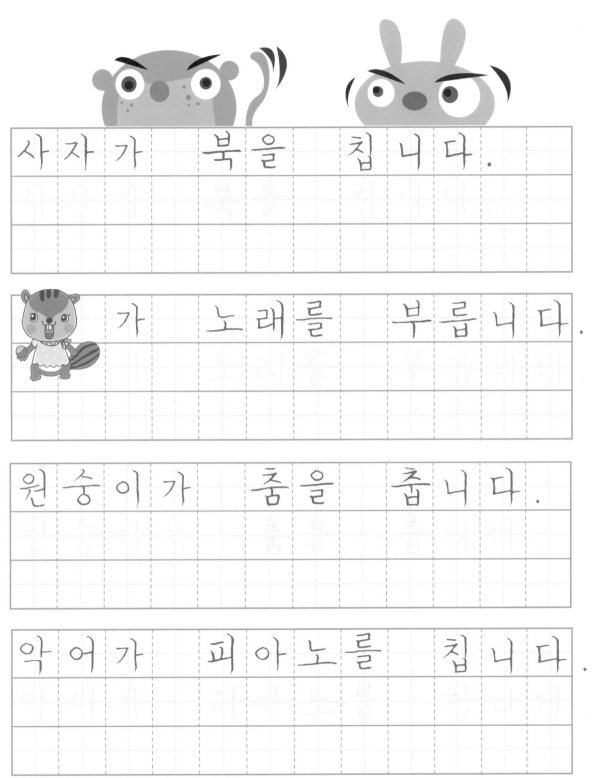

사자가 북을 칩니다.

가 노래를 부릅니다.

원숭이가 춤을 춥니다.

악어가 피아노를 칩니다.

동시 '좋겠다'를 소리 내어 읽어 보고,
낱말을 바르게 써 보세요.

✿국어 1-1나 196~197쪽

꽃	잎	방	울	방	울	이	슬	닭	아
꽃	잎	방	울	방	울	이	슬	닭	아
꽃	잎	방	울	방	울	이	슬	닭	아

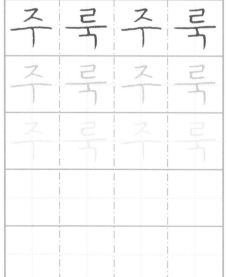

주	룩	주	룩	소	낙	비	씻	어
주	룩	주	룩	소	낙	비	씻	어
주	룩	주	룩	소	낙	비	씻	어

"아빠, 이게 뭐예요?"

"이건 달팽이란다."

아빠는 손바닥 위에

달팽이를 놓았어요.

어린이 놀이터에는 어떤 것들이 있을까요?
다음 낱말을 바르게 쓰고, 큰 소리로 읽어 보세요.

✽ 국어 1-1나 180~181쪽

slide [sláid] 슬라이드

seesaw [sí:sɔ̀:] 시이소오

swing [swíŋ] 스윙

horizontal bar
[hɔ̀:rəzántəl bá:r]
호오러잔털 바아

미	끄	럼	틀
미	끄	럼	틀

시	소
시	소

그	네
그	네

철	봉
철	봉

monkey bars [mʌ́ŋki bà:rz] 멍키 바아즈

junglegym [dʒʌ́ŋgldʒìm] 정글짐

bench [béntʃ] 벤취

구	름	사	다	리
구	름	사	다	리

정	글	짐
정	글	짐

벤	치
벤	치

연필을 바르게 잡고 낱말을 써 보세요.
각 낱말을 넣어 문장을 만들어 보세요.

✱ 국어활동1-1 78~79쪽

하	늘
하	늘

문	어
문	어

먹	물
먹	물

갈	매	기
갈	매	기

위	물	고	기
	물	고	기

돌	고	래
돌	고	래

가	오	리
가	오	리

다음 문장을 바르게 써 보세요.
그리고 문장을 소리 내어 또박또박 읽어 보세요.

✽ 국어활동1-1 80~81쪽

나는 아침마다 학교에

갑니다.

나는 친구들과 놀 때

기분이 좋습니다.

다음 문장을 바르게 써 보세요.
그리고 문장을 소리 내어 또박또박 읽어 보세요.

✻ 국어활동1-1 80~81쪽

나는 책 읽기를 좋아

합니다.

나는 물건을 아껴 쓰

겠다고 약속합니다.

나는
하루에
한 번
떠요.

치	과
치	과
치	과

하	루
하	루
하	루

더	위
더	위
더	위

보	배
보	배
보	배

누에는 뽕잎을
먹고 살아요.

누	에
누	에
누	에

마	디
마	디
마	디

새	우
새	우
새	우

채	소
채	소
채	소

소리 내어 또박또박 읽어요

• 문장 부호(. / , / ! / ?)의 이름과 쓰임에 대해 알아보고
  쓰는 순서에 맞게 바르게 써 봅니다.
• 원고지 쓰는 법에 맞게 글을 써 보고, 문장 부호에 알맞게 글을 띄어
  읽어 봅니다. ∨ (쐐기표), ∨∨ (겹쐐기표) 사용
• 쌍자음자(ㄲ, ㄸ, ㅃ, ㅆ, ㅉ)의 이름을 알아보고
  쌍자음자 및 쌍자음자가 들어간 낱말을 바르게 써 봅니다.

문장 부호의 이름과 쓰임, 띄어 읽는 법을 알아보고,
각 문장 부호를 바르게 써 보세요.

✷ 국어 1-1나 212~215쪽

🐰 **.** **(마침표, 온점)** 설명하는 문장 끝에 씁니다. 쉼표보다 조금 길게 띄어 읽습니다.

마	침	표	.	.	.	.	.	.	.	.
마	침	표	.							
			.							

🐷 **,** **(쉼표, 반점)** 부르는 말이나 대답하는 말 뒤에 씁니다. 마침표보다 조금 짧게 띄어 읽습니다.

쉼	표	,	,	,	,	,	,	,	,	,
쉼	표	,								
		,								

🦁 **!** **(느낌표)** 느낌을 나타내는 문장 끝에 씁니다. 마침표와 같이 조금 길게 띄어 읽되, 느낌을 살려 읽습니다.

느	낌	표	!	!	!	!	!	!	!	!
느	낌	표	!							

🐭 **?** **(물음표)** 묻는 문장 끝에 씁니다. 마침표과 같이 조금 길게 띄어 읽되, 끝을 올려 읽습니다.

물	음	표	?	?	?	?	?	?	?	?
물	음	표	?							
			?							

**다음을 바르게 쓰고, 문장 부호를 찾아보세요.
그리고 문장 부호에 맞게 띄어 읽어 보세요.**

✽국어 1-1나 204~215쪽

"민지야, ∨왜 그러니?"∨

"아! ∨이가 아파요."∨

나는 그만 울음을 터

뜨리고 말았습니다.

✽, 뒤에는 ∨, . ! ? 뒤에는 ∨를 해요. 글이 끝나는 곳에서는 ∨를 하지 않아요.
✽닫는따옴표(")가 첫 칸에 오게 될 경우, 위 행 마지막 칸 옆에 붙여 써요.

다음을 바르게 쓰고, 문장 부호에 맞게 소리 내어 읽어 보세요.
그리고 각 문장 부호의 이름을 말해 보세요.

✽국어 1-1나 206~209쪽

공 나르기 놀이를 했

어요. ⌄

우리 차례가 왔어요. ⌄

주희가 보자기를 잡고

다음을 바르게 쓰고, 문장 부호에 맞게 소리 내어 읽어 보세요.
그리고 각 문장 부호의 이름을 말해 보세요.

✽ 국어 1-1나 206~209쪽

말했어요. ⌄

"어서 들어.⌄가자!" ⌄

우리는 열심히 달렸어

요.⌄우리 편이 이겼어요.

나무꾼이 산에서 호랑

이를 만났어요. ⌄

형님, ⌄여기 계셨군요 ! ⌄

그게 정말이냐 ?

민지야, ∨강아지 이름을

복실이라고 지었구나. ∨참

예쁘다! ∨ 복실이와 우리

집에 놀러 올래?

✽물음표(?)와 느낌표(!) 다음에는 한 칸을 비워요.
 반점(,)과 온점(.) 다음에는 칸을 비우지 않아요.

여러 가지 쌍자음자를 잘 살펴보고,
순서에 맞게 바르게 써 보세요.

✱국어1-1나 219, 국어활동1-1 88~89쪽

쌍기역	쌍디귿	쌍비읍	쌍시옷	쌍지읒
ㄲ	ㄸ	ㅃ	ㅆ	ㅉ
ㄲ	ㄸ	ㅃ	ㅆ	ㅉ
ㄲ	ㄸ	ㅃ	ㅆ	ㅉ
ㄲ	ㄸ	ㅃ	ㅆ	ㅉ
ㄲ	ㄸ	ㅃ	ㅆ	ㅉ

자음자 '까, 따, 빠, 싸, 짜'의 모양을 잘 살펴보며
낱말을 바르게 써 보세요.

✿국어1-1나 219, 국어활동1-1 88~89쪽

내 가시는
엄청 따갑지!

까 치	토 끼	딸 기	따 갑 다

빨 래	오 빠	싸 움	짜 임	찌 개

연필을 바르게 잡고 낱말을 써 보세요.
낱말에 쓰인 자음자 ㄲ을 찾아보세요.

❋국어활동1-1 90쪽

꾀꼬리	나무꾼	깍두기	꽃

꼬리	까닭	꽥꽥	코끼리

머리끝	아깝다	방아깨비

땀	땅	떡	떡 볶 이	메 뚜 기

뛰 다	따 뜻 하 다	개 똥 벌 레

뒤 뚱 뒤 뚱	딸 랑 딸 랑	으 뜸

연필을 바르게 잡고 낱말을 써 보세요.
낱말에 쓰인 자음자 ㅃ을 찾아보세요.

✿국어활동1-1 90쪽

빠	르	다

빨	리

듬	뿍

뿌	리

빨	강

기	쁘	다

예	쁘	다

빵

빵	집

뺨

빨	간	불

빨	랫	줄

싸	라	기

받	아	쓰	기

싹	트	다

철	썩	철	썩

씻	어

씨	앗

날	씨

씨	름

쓰	레	기

민	들	레	씨

짜 내 다	짜 임	짠 물	쨍 쨍

짝 꿍	짝 짜 꿍	찌 개	찌 꺼 기

쪽 지	짹 짹	짧 다	폴 짝 폴 짝

그림일기를 써요

- 그날 있었던 일 중에서 기억에 남는 일을 떠올려 보고,
  그림일기를 써 봅니다.
- 날짜와 요일을 가리키는 말을 살펴보고 바르게 써 봅니다.
- 아라비아 숫자를 순서에 맞게 바르게 쓰고 읽어 봅니다.
- 날씨와 관계있는 말을 쓰면서 살펴봅니다.
- 일어난 일과 그때의 느낌을 써 봅니다.

일기는 그날그날 겪은

일이나 생각, 느낌 등을

쓴 글이다. 더 나은 내

일을 가꾸는 데도 좋다.

아라비아 숫자를 바르게 쓰고,
소리 내어 읽어 보세요.

✽국어 1-1나 232~255쪽

| 1 | 2 | 3 | 4 | 5 | 6 |

| 7 | 8 | 9 | 10 | 20 | 30 |

| 40 | 50 | 60 | 70 | 80 | 90 |

| 100 | 1000 | 15 | 26 | 37 |

*두 자 이상의 아라비아 숫자는 한 칸에 두 자씩 써 넣어요.

날짜와 요일과 관계있는 낱말을 바르게 써 보세요.
그리고 달력을 잘 살펴보세요.

✱국어 1-1나 232~255쪽

Monday[mʌ́ndei] 먼데이

Tuesday[tʃúːzdei] 튜우즈데이

Wednesday[wénzdei] 웬즈데이

Thursday[θə́ːrzdei] 써어즈데이

Friday[fráidei] 프라이데이

Saturday[sǽtərdèi] 새터데이

Sunday[sʌ́ndei] 선데이

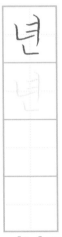

year[jíər] 이어

month[mʌ́nθ] 먼쓰

day[déi] 데이

week[wíːk] 위이크

그림일기를 쓸 때에는 먼저 날짜와 요일, 날씨를 씁니다.
다음을 잘 살펴보며 써 보세요.

✱국어 1-1나 232~255쪽

| 2017년 | 6월 | 30일 | 금 |

| 요일 | 맑고 | 따뜻함 |

 날씨와 관계있는 다음 낱말을 바르게 써 보세요.

| 소나기 | 눈 | 비 | 바람 | 얼음 |

| 무지개 | 황사 | 서리 | 안개 |

해 님 이   웃 는   날

바 람 이   시 원 한   날

맑 고   추 움   바 람   조 금

따 뜻 한   봄   비 가   주 르 룩

날씨를 나타내는 말을 바르게 써 보세요.
그리고 소리 내어 읽어 보세요.

✷국어 1-1나 232~255쪽

맑고 해가 쨍쨍

흐리고 빗방울이 떨어짐

구름이 많고 시원함

바람이 불고 서늘함

규리 집에서 생일잔치

를 했다. 통닭과 과자를

맛있게 먹었다. 내 생일

도 빨리 왔으면 좋겠다.

다음을 바르게 쓰고, 소리 내어 읽어 보세요.
누구와 함께 어디에 다녀왔나요?

✱국어 1-1나 232~255쪽

친구들과 함께 박물관

에 갔다. 신기한 물건이

많았다. 다음에 또 갔으

면 좋겠다.

학 교 에 서   찰 흙 으 로   토

끼 를   만 들 었 다 .   선 생 님 께

칭 찬 받 았 다 .   또   만 들 고

싶 다 .

빨간 당근, 푸른 완두

콩, 노란 달걀이 들어가

서 참 예뻤다. 맛은 고

소하고 약간 매웠다.

다음을 바르게 쓰고, 소리 내어 또박또박 읽어 보세요.
여러분도 일어난 일과 그때의 느낌을 써 보세요.

✱국어활동 1-1 92~94쪽

오랜만에 삼촌이 집에

오셔서 반가웠습니다.

동물원에서 새끼 호랑

이를 보니 귀여웠습니다.

다음을 바르게 쓰고, 소리 내어 또박또박 읽어 보세요.
여러분도 일어난 일과 그때의 느낌을 써 보세요.

✿국어활동 1-1 92~94쪽

친구가 줄넘기를 참

잘했습니다. 나도 더 열

심히 연습해야겠다고 생

각했습니다.

 냠냠 맛있는 음식의 이름을 바르게 써 보세요.
그리고 알맞은 사진에 선으로 이어 주세요.

과	자
과	자

떡	볶	이
떡	볶	이

우	유
우	유

볶	음	밥
볶	음	밥

김	밥
김	밥

케	이	크
케	이	크

주	스
주	스

깍	두	기
깍	두	기

 그림을 잘 살펴보고 빈칸에 알맞은 글자를 써 넣어 낱말을 완성해 보세요.

 낱말을 바르게 쓰고, 알맞은 그림에 선으로 이어 주세요.

두	부
두	부

고	추
고	추

고	기
고	기

오	이
오	이

콩
콩

고	구	마
고	구	마

가	지
가	지

달	걀
달	걀

저	고	리

모	자

구	두

바	지

우	산

반	지

가	방

치	마

곰이 마늘을 먹는다.

곰이 마늘을 먹는다.

원숭이가 그네를 타요.

원숭이가 그네를 타요.

자라가 토끼를 만납니다.

자라가 토끼를 만납니다.

항아리가 깨졌습니다.

항아리가 깨졌습니다.

짝을 이룬 낱말을 비교하며 잘 살펴보고, 바르게 써 보세요.

바 지   반 지   소   손   솥   코   콩

다 리   달 리 기   고 추   곤 충

고 기   공 기   무   문   물   파   팥

학용품 이름을 바르게 쓰고, 알맞은 그림에 선으로 이어 보세요.

필	통
필	통
필	통

풀
풀
풀

연	필
연	필
연	필

공	책
공	책
공	책

자
자
자

지	우	개
지	우	개
지	우	개

색	종	이
색	종	이
색	종	이

교	과	서
교	과	서
교	과	서

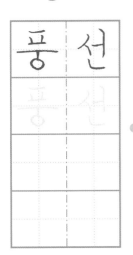

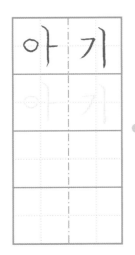

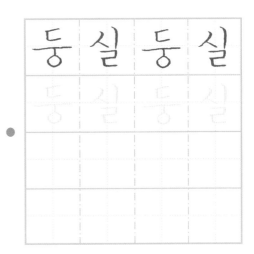

모양을 흉내 내는 말, 동작을 나타내는 말을 선으로 잇고,
바르게 써 보세요.

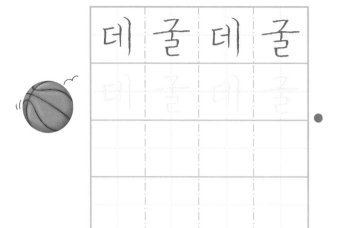
데굴데굴

걸어가다

뒤뚱뒤뚱

굴러가다

깡충깡충

뛰어가다

소리를 흉내 내는 말에 알맞은 그림을 선으로 잇고,
바르게 써 보세요.

꽥 꽥
꽥 꽥
꽥 꽥

딸 랑 딸 랑
딸 랑 딸 랑
딸 랑 딸 랑

개 굴 개 굴
개 굴 개 굴
개 굴 개 굴

짹 짹
짹 짹
짹 짹

우리말에는 ~하다로 이루어진 말이 많아요.
어떤 말이 있는지 바르게 쓰면서 알아보세요.

공	부	하	다
공	부	하	다

노	래	하	다
노	래	하	다

생	각	하	다
생	각	하	다

대	답	하	다
대	답	하	다

네!

행	복	하	다
행	복	하	다

미	안	하	다
미	안	하	다

"민지야, 왜 그러니?"

"아! 이가 아파요."

우리 차례가 왔어요.

"어서 들어. 가자!"

탈것의 이름을 바르게 쓰고, 알맞은 그림에 선으로
이어 보세요.

낙	하	산
낙	하	산
낙	하	산

비	행	기
비	행	기
비	행	기

우	주	선
우	주	선
우	주	선

버	스
버	스
버	스

배
배
배

자	전	거
자	전	거
자	전	거

기	차
기	차
기	차

단원별 받아쓰기 급수표

- 어린이가 틀리기 쉬운 낱말·구절·문장을 단원별로 정리하고,
  띄어써야 할 곳을 ∨로 표시하였습니다.
- 부모님이나 선생님께서 또박또박 불러 주시고,
  어린이가 공책이나 별지에 받아쓰게 하세요.
- 띄어쓰기에도 주의하게 합니다.
- 받아쓰기를 마친 다음에는 반드시 체크하고, 틀린 곳은 정확히 익힐
  수 있도록 이끌어 주세요.

1단원 1step 단원별 받아쓰기 급수표

① 나
② 너
③ 아버지
④ 어머니
⑤ 아기
⑥ 우리 ∨ 가족
⑦ 친구
⑧ 선생님
⑨ 다리
⑩ 바다

1단원 2step 단원별 받아쓰기 급수표

① 가위
② 지우개
③ 색종이
④ 연필
⑤ 거미
⑥ 나무
⑦ 바구니
⑧ 참새
⑨ 제비
⑩ 구두

1단원 3step 단원별 받아쓰기 급수표

① 모자
② 바지
③ 기차
④ 나비
⑤ 사자
⑥ 코끼리
⑦ 너구리
⑧ 토끼
⑨ 우리
⑩ 학교

2단원 4step 단원별 받아쓰기 급수표

① 가지
② 나무딸기
③ 도토리
④ 사과
⑤ 모과
⑥ 복숭아
⑦ 오이
⑧ 자두
⑨ 토마토
⑩ 포도

2단원 5step 단원별 받아쓰기 급수표

① 가루
② 고구마
③ 구름
④ 가방
⑤ 기린
⑥ 개미
⑦ 누나
⑧ 노래
⑨ 노루
⑩ 나이

2단원 6step 단원별 받아쓰기 급수표

① 두더지
② 도자기
③ 두유
④ 다리미
⑤ 다람쥐
⑥ 머리
⑦ 라면
⑧ 호랑이
⑨ 라디오
⑩ 리어카

2단원 7step 단원별 받아쓰기 급수표

① 무지개
② 매미
③ 미소
④ 모래
⑤ 부채
⑥ 보리
⑦ 보자기
⑧ 바가지
⑨ 소나기
⑩ 시계

2단원 8step 단원별 받아쓰기 급수표

① 수건
② 이야기
③ 어부
④ 앵두
⑤ 자라
⑥ 저고리
⑦ 주머니
⑧ 초대
⑨ 치약
⑩ 피아노

3단원 9step 단원별 받아쓰기 급수표

① 아∨야∨어∨여∨오∨요
② 우∨유∨으∨이
③ 무
④ 도라지
⑤ 오소리
⑥ 허허허
⑦ 호호호
⑧ 히히히
⑨ 토끼와∨자라
⑩ 꼬부랑∨할머니

3단원 10step 단원별 받아쓰기 급수표

① 나라
② 겨울
③ 여름
④ 유리
⑤ 그릇
⑥ 코스모스
⑦ 피리
⑧ 기도
⑨ 여자
⑩ 주사

4단원 11step 단원별 받아쓰기 급수표

① 자두
② 고추
③ 개나리
④ 병아리
⑤ 잠자리
⑥ 어두운∨밤길에서
⑦ 혼자서∨걸어가면
⑧ 느리게∨걸어가다가
⑨ 노루가∨뛰어와서
⑩ 외과에∨데려다주마.

4단원 12step 단원별 받아쓰기 급수표

① 토끼야,∨어서∨타거라.
② 이가∨아파서∨치과에∨가요.
③ 모래
④ 그네
⑤ 최고
⑥ 귀
⑦ 과자
⑧ 태권도
⑨ 꽹과리
⑩ 무늬

4단원 13step 단원별 받아쓰기 급수표

① 기와
② 병원
③ 참외
④ 열쇠
⑤ 게
⑥ 의자
⑦ 돼지
⑧ 새
⑨ 애 ∨ 에 ∨ 외
⑩ 위 ∨ 와 ∨ 왜

5단원 14step 단원별 받아쓰기 급수표

① 안녕히 ∨ 주무셨어요?
② 고맙습니다.
③ 선생님, ∨ 안녕하세요?
④ 잘 ∨ 먹겠습니다.
⑤ 학교 ∨ 다녀왔습니다.
⑥ 민수야, ∨ 축하해!
⑦ 고마워.
⑧ 감사합니다.
⑨ 안녕히 ∨ 다녀오셨어요?
⑩ 안녕, ∨ 내일 ∨ 보자.

5단원 15step 단원별 받아쓰기 급수표

① 오늘도 ∨ 만나서
② 오른손 ∨ 내밀어
③ 하하하 ∨ 웃으며
④ 미안해.
⑤ 많이 ∨ 아프지?
⑥ 조심할게.
⑦ 안녕히 ∨ 계세요.
⑧ 안녕히 ∨ 가세요.
⑨ 잘 ∨ 자.
⑩ 민지야, ∨ 안녕?

6단원 16step 단원별 받아쓰기 급수표

① 통
② 밤
③ 벌
④ 팥
⑤ 윷
⑥ 붓
⑦ 빗
⑧ 낮
⑨ 옷
⑩ 못

6단원 17step 단원별 받아쓰기 급수표

① 손수건과 ∨ 줄넘기
② 숲
③ 밭
④ 예쁜 ∨ 꽃이 ∨ 피었습니다.
⑤ 언덕을 ∨ 만들어 ∨ 줄 ∨ 테니
⑥ 폴짝폴짝!
⑦ 좀 ∨ 더 ∨ 놀다가 ∨ 가렴.
⑧ 왜 ∨ 그렇게 ∨ 도망가니?
⑨ 나랑 ∨ 같이 ∨ 놀자.
⑩ 커다랗고 ∨ 새하얀

6단원 18step 단원별 받아쓰기 급수표

① 천천히 ∨ 먹어.
② 모두 ∨ 가 ∨ 버렸네.
③ 어슬렁어슬렁
④ 둥둥 ∨ 엄마 ∨ 오리
⑤ 동동 ∨ 아기 ∨ 오리
⑥ 못물 ∨ 속에 ∨ 풍덩
⑦ 엄마 ∨ 따라 ∨ 퐁당
⑧ 뒤뚱뒤뚱 ∨ 아기 ∨ 오리
⑨ 화분
⑩ 글자동물원

6단원 19step 단원별 받아쓰기 급수표

① 우체국
② 소방서
③ 구름 ∨ 놀이
④ 솜사탕을 ∨ 만들어야지.
⑤ 깜짝이야.
⑥ 김밥
⑦ 장난감
⑧ 전화기
⑨ 실내화
⑩ 책꽂이

7단원 20step 단원별 받아쓰기 급수표

① 아버지는 ∨ 모자를 ∨ 씁니다.
② 나는 ∨ 자전거를 ∨ 탑니다.
③ 손을 ∨ 흔듭니다.
④ 동생은 ∨ 같이 ∨ 가고 ∨ 싶다고
⑤ 발을 ∨ 구릅니다.
⑥ 친구에게 ∨ 공을 ∨ 던집니다.
⑦ 손바닥으로 ∨ 공을 ∨ 칩니다.
⑧ 문어가 ∨ 먹물을 ∨ 뿜습니다.
⑨ 물고기 ∨ 떼가
⑩ 학교에서는 ∨ 공부를 ∨ 합니다.

7단원 21step 단원별 받아쓰기 급수표

① 곰이 ∨ 마늘을 ∨ 먹는다.
② 호랑이가 ∨ 세수를 ∨ 합니다.
③ 건호가 ∨ 책을 ∨ 읽습니다.
④ 미끄럼틀을 ∨ 타요.
⑤ 친구들이 ∨ 놀이터에서 ∨ 놀아요.
⑥ 콩쥐가 ∨ 울고 ∨ 있습니다.
⑦ 항아리가 ∨ 깨졌습니다.
⑧ 자라가 ∨ 토끼를 ∨ 만납니다.
⑨ 용궁으로 ∨ 갑니다.
⑩ 등에 ∨ 탔습니다.

7단원 22step 단원별 받아쓰기 급수표

① 용왕이 ∨ 의자에 ∨ 앉아
② 밧줄에 ∨ 묶여 ∨ 있습니다.
③ 문어는 ∨ 창을 ∨ 들고
④ 토끼가 ∨ 밥을 ∨ 먹습니다.
⑤ 악어가 ∨ 이를 ∨ 닦습니다.
⑥ 사자가 ∨ 북을 ∨ 칩니다.
⑦ 방울방울 ∨ 이슬이
⑧ 주룩주룩 ∨ 소낙비
⑨ 달팽이 ∨ 기르기
⑩ 아빠 ∨ 손바닥 ∨ 위에

7단원 23step 단원별 받아쓰기 급수표

① 작은 ∨ 돌멩이
② 갈매기가 ∨ 하늘을 ∨ 납니다.
③ 나는 ∨ 아침마다 ∨ 학교에 ∨ 갑니다.
④ 책 ∨ 읽기를 ∨ 좋아합니다.
⑤ 물건을 ∨ 아껴 ∨ 쓰겠다고
⑥ 여름이 ∨ 되면
⑦ 기분이 ∨ 좋습니다.
⑧ 친구들과 ∨ 놀 ∨ 때
⑨ 상어가 ∨ 가오리를 ∨ 따라갑니다.
⑩ 공을 ∨ 발로 ∨ 찹니다.

8단원 24step 단원별 받아쓰기 급수표

① 어서 ∨ 들어가자.
② 우리 ∨ 편이 ∨ 이겼어요.
③ 깜짝 ∨ 놀란 ∨ 나무꾼은
④ 그게 ∨ 정말이냐?
⑤ 큰 ∨ 잘못을
⑥ 형님, ∨ 여기 ∨ 계셨군요.
⑦ 점심으로 ∨ 싸 ∨ 온 ∨ 떡을
⑧ 따뜻할 ∨ 때 ∨ 빨리 ∨ 드세요.
⑨ 얼른 ∨ 내밀며
⑩ 어머님께 ∨ 잘 ∨ 먹었다고

8단원 25step 단원별 받아쓰기 급수표

①민지야, ∨잘∨있었니?
②강아지∨이름을
③참∨예쁘다!
④곰이∨골짜기에서
⑤나∨혼자
⑥나무∨위로∨올라가
⑦벌집을∨받아∨들고는
⑧따끔따끔∨아픈∨여우가
⑨꽃
⑩도깨비

8단원 26step 단원별 받아쓰기 급수표

①메뚜기
②땅콩
③뿔
④빨대
⑤썰매
⑥쓰레기
⑦코뿔소
⑧눈썹
⑨베짱이
⑩팔찌

9단원 27step 단원별 받아쓰기 급수표

①아침에∨비가∨왔다.
②해님이∨웃는∨날
③통닭과∨과자를
④공∨굴리기∨놀이를
⑤찰흙으로∨토끼를∨만들었다.
⑥금요일
⑦새끼∨호랑이를∨보니
⑧친구가∨줄넘기를
⑨우리∨집∨초롱이가
⑩새끼를∨낳았다.

9단원 28step 단원별 받아쓰기 급수표

①일요일에∨아버지께서
②볶음밥을∨해∨주셨다.
③친구가∨나를∨놀렸습니다.
④오랜만에
⑤반가웠습니다.
⑥참∨잘했습니다.
⑦귀여웠습니다.
⑧열심히∨연습해야겠다.
⑨친구가∨부러웠다.
⑩삼촌이∨우리∨집에∨오셔서